LIBER KOTH

Éditions Unicursal Publishers
unicursalpub.com

ISBN 978-2-89806-231-5

Première Édition, Litha 2021

LIBER KOTH

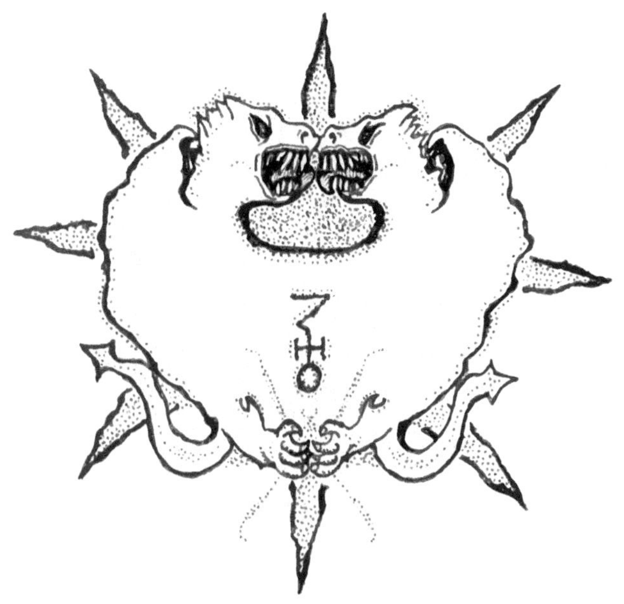

STEPHEN SENNITT

Émanation de l'Ego

A. O. Spare

REMERCIEMENTS

Un grand merci, pour l'aide, les conseils, l'intérêt manifesté ou, une chose et une autre, à ma femme, Louise Sennitt; & Peter Smith, Douglas Grant, Phil Hine, John Beal, D.M. Mitchell, David Kerekes de Headpress, Starfire Publishing/Kenneth Grant, et les membres passés et présents de L'Ordre Ésotérique de Dagon.

DÉDICACE

À Peter Smith, ami et éminent spécialiste du Necronomicon.

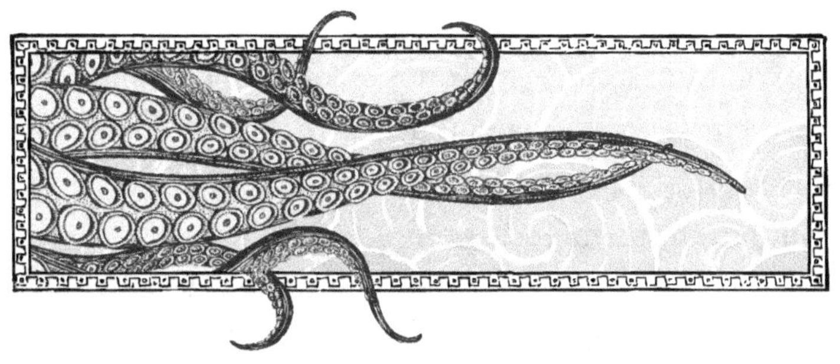

Introduction à la Première Édition : Présages

(1)

SEMBLABLE AUX équations mathématiques de la théorie quantique, la symbologie occulte et les arcanes concomitants ne sont destinés qu'à décrire des expériences magiques et des états modifiés de conscience d'une manière qui forme un certain degré de compréhension rationnelle pour l'esprit prosaïque. La symbologie est destinée à remplacer l'absence de cognition, médiatisant et réduisant l'ineffable en paquets d'informations plus faciles à digérer. Ces symboles, souvent de forme anthropomorphique, sont les masques qu'adopte la réalité afin de dicter l'ego. Finalement, ces derniers sont aléatoires, mais seulement dans le même sens que nous sommes, nous-mêmes, en fin de compte aléatoires.

Tout comme la théorie Quantique a pénétré, en termes déductifs, jusqu'au cœur de la réalité physique, les occultistes doivent aller de l'avant jusqu'à un point aussi équivalent en *termes directement expérientiels*. Après 100 ans de scénario Théosophique/ cérémonial, avec son bagage encombrant de morale judéo-chrétienne, il devient alors évident pour un nombre croissant de dissidents que la réalité ne pourrait pas être si banale que de souscrire à de telles projections manifestement anthropocentriques.

Comme s'est exclamé Austin Osman Spare : « Maintenant pour la réalité ! » comprendre que le Soi (le « Je » individuel) est véritablement plus un masque parmi une infinité virtuelle de possibles masques — c'est le Quanta dont l'onde peut être localisée à n'importe quel point de l'espace-temps, dont le potentiel est infini. Cela ne peut jamais vraiment être juste « ceci » ou « cela ».

La symbologie occulte traditionnelle est le langage de l'Auto-communication, laquelle colore généralement l'expérimentation magique de la même manière que les symboles traditionnels des mathématiques colorent les équations de la théorie Quantique. Le facteur important ici est de ne pas trop s'engager, comme les occultistes ont eu tendance à le faire par le passé, avec la forme même des équations. La kabbale, tout comme les maths, est intéressante ; mais elle n'est aussi, tout comme les maths, qu'un simple outil, et non une chose en soi. Heureusement, la tendance des occultistes à confondre la carte avec le territoire s'estompe lentement, à mesure que la magie tire des leçons de la science, et que les arcanes traditionnels sont de plus en plus utilisés afin de modéliser la réalité plutôt que de la substituer.

(2)

Une partie du problème continuel affligeant la magie est la tendance à suppléer les anciennes valeurs qui sentent le littéralisme, seulement pour les remplacer par des interprétations psychologiques. Bien que la psychologie et la psychanalyse personnelle soient utiles et peut-être souhaitables, ce n'est encore qu'un paradigme, et c'est une erreur que de s'en servir pour résoudre les mystères de l'univers dans la vaine croyance que, parce que l'esprit lutte afin de comprendre ces mystères, il doit d'une certain façon, dans tous les cas, les inventer. Comme toutes les perceptions, les expériences magiques sont filtrées et colorées par l'esprit humain, comment pourrait-il en être autrement? La magie en tant que Psychologie Appliquée a sa place, mais ce n'est que le début, pas la fin, du long chemin vers l'illumination.

(3)

Il y a un dessin d'Austin Osman Spare intitulé « Émanations de l'Ego » qui regorge de sa symbologie curieuse et idiosyncratique représentant le Centaure, un atavisme, rencontrant d'étranges êtres ailés, formés de visages comme des satyres, lesquels sont figés en des masques d'extase. Ceci représente le moi transcendant — le moi de la Réalité Quantique — avec sa conscience lucide de l'auto-permutation; la transformation de la conscience à travers le désir voulu.

La non-dépendance de Spare face aux arcanes traditionnels de l'occultisme et ses emprunts occasionnels à des sources traditionnelles plus obscures, lui ont permis de formuler une approche très personnelle et extrêmement puissante de la magie, laquelle maintenant commence à peine à influencer un plus large contingent de praticiens modernes. Spare était tellement en avance sur son temps dans son approche de la magie que même maintenant, il est pour la majorité vilipendé et incompris. En réalité, Spare a comprenait l'incapacité de l'esprit humain à comprendre directement la réalité, reconnaissant que les expériences transcendantes pouvaient être réduites à l'insignifiance, non pas tant par cette tendance semblable à la Golden Dawn à abuser des structures conceptuelles toutes faites, mais par la tendance toujours répandue à interpréter de telles expériences à la lumière de la morale prosaïque. Comme le suggèrent les découvertes du Quantum, la réalité ne se conforme pas aux attentes mondaines proches de la moralité ou du « bon sens », et c'est en anticipant ce point de vue que Spare exposa toutes les limites pour tenter de comprendre l'incompréhensible. Comme Crowley, son égal plus conventionnel, Spare démontra que la voie à suivre signifiait qu'il fallait abandonner complètement la morale étouffante ainsi que les accrétions religieuses qui s'étaient attachées à l'occultisme. Sa sinistre réputation reposait sur le fait qu'il était fidèle à lui-même et qu'il n'accepterait aucune restriction conférée par les valeurs éphémères de la société ; ni même était-il disposé à respecter le sens du décorum maçonnique de la fraternité occulte. Il n'utiliserait pas la croyance pour retenir la réalité. Lorsque vous êtes sérieux à propos de la réalité, il ne peut y avoir aucune retenue.

(4)

Que la question de la moralité prosaïque et les considérations fantaisistes de la magie « blanche » et « noire » devraient encore sérieusement faire partie du domaine de l'occultisme moderne est absurde. Seules les personnes incapables d'affronter la réalité doivent la tenir à l'écart avec des croyances limitées à propos de l'immoralité de la magie « noire ». De tels avertissements sont frappants de désir refoulé, et révèlent une psychologie tordue qui se méfie tellement d'elle-même qu'elle condamne automatiquement ceux qui prétendent utiliser un tel pouvoir en toute impunité, incapables d'accepter qu'il puisse y avoir une telle pureté d'intention. Ces primitifs modernes condamnent également le sexe et d'autres plaisirs naturels, estimant qu'un tel fonctionnement se trouve en dessous de leur conception du « spirituel » et ne mérite donc pas d'être pris en considération. Si c'est la tâche du Grand Œuvre de devenir « entier », de comprendre toutes les facettes du Soi, de parvenir à former l'équation la plus parfaite possible, comment peut-on laisser quelque chose de côté ? Comment peut-on appréhender la réalité avec tant de restrictions morales puériles ? Spare a démontré qu'absolument tout dans le domaine du soi était intrinsèque à la compréhension de la réalité. Crowley en a fait écho lorsqu'il a annoncé : « Le seul péché est la restriction. »

(5)

Tout comme la physique théorique utilise de manière inventive le langage symbolique des mathématiques supérieures pour interpréter les structures dimensionnelles de l'hyperespace, la magie utilise son propre langage symbolique pour décrire le symbolisme obscur d'entités qui seraient, autrement, incompréhensibles. C'est par de telles invocations réussies qu'une absence du sens de soi individuel conduit à une compréhension plus élargie de la réalité. Lorsque le réceptacle se fait vide, alors le vide est rempli de quelque chose d'« autre »; le soi touche le soi, et l'utilité de la gnose qui en résulte n'est dépendante que de l'adéquation du langage symbolique. Comme toute forme de communication, les messages peuvent, et ils le sont souvent, devenir altérés; il n'y a rien d'intrinsèquement sinistre dans ce fait. Bien qu'il faille réitérer que la magie n'est pas simplement de la psychologie appliquée, de telles expériences sont bien sûr filtrées à travers l'orientation psychologique propre de l'individu. En d'autres termes, comme on nous le dit si souvent, nous créons notre propre réalité. Mais ceci s'avère un avantage, pas un inconvénient pour le magicien qui, comme Spare, est prêt à repousser les limites jusqu'à leur extrême. Pour un tel individu, rien de tout cela ne correspond à de la magie « noire » parce que le désir de toucher une plus grande réalité est pur, et non entravé par des considérations de bien et de mal. C'est en ce sens, armé de la liberté philosophique de la pratique magique moderne que, même dans les profondeurs de l'abîme, rien ne peut mal tourner! Avec cette attitude, libre du Péché de la Restriction, nous pouvons explorer des paradigmes qui font que d'autres ont peur d'eux-mêmes.

(6)

Le paradigme[1] occulte récemment développé, basé sur l'étrange cosmologie fictive de H. P. Lovecraft (largement connue sous le nom de Mythe

---

1   Il y avait quelques exceptions faites par Michael Staley, stimulant critique de la première édition de *Liber Koth* (voir *Starfire* Vol. 2 No. 2) à l'égard de mon utilisation du mot « paradigme » en relation avec les pouvoirs très anciens masqués par Lovecraft (et autres) en raison de sa conceptualisation des Grands Anciens. Dans le contexte d'une introduction globale, je ne crois pas que cela se voulait être aussi réducteur que M. Staley l'a supposé, dans la mesure où, pour moi, il n'y a aucune suggestion que de considérer les Grands Anciens comme étant « filtrés » à travers la « lentille » restreinte des schémas perceptifs anthropocentriques qui invalide de quelque manière que ce soit l'idée qu'ils « proviennent des profondeurs éloignées de la conscience » (*Starfire*, Vol. 2 No. 2, p. 189.) En fait, c'est exactement ce que je suggère tout au long de l'introduction.

Peut-être la confusion vient-elle d'une mauvaise interprétation du mot *Paradigme*, que l'O.E.D. définit comme un « exemple » ou, encore plus convenablement dans le contexte actuel, comme « modèle ».

Mon interprétation à l'époque était qu'évidemment ces forces anciennes n'ont pas, à titre réel, les « personnalités » ou les « formes » que nous leur attribuons, mais pourtant, ces invultuations sont plus que de simples symboles psychologiques—c'est pourquoi de tels « paradigmes » agissent uniquement comme un moyen pour aider la cognition temporaire, nous apportant au moins une idée (fournissant un modèle) de ce à quoi nous avons affaire. Je pense cependant de Cthulhu) est un exemple dynamique du type de modèle « noir » qui peut élargir les limites de la perception, bien qu'il puisse produire un effet opposé de terreur particulièrement claustrophobique. C'est ce double tranchant qui le rend d'ailleurs si intéressant !

Qu'un mythe intrinsèquement « fictif » puisse être utilisé avec un tel opportunisme magique est un fait surprenant chez certains sceptiques. Le point à retenir est que même les « faits » acceptés n'ont d'autre but que de modéliser la réalité. Il est par conséquent évident que ce qui est accepté comme étant de la « fiction » peut également modéliser la réalité si l'on comprend que, comme tous les paradigmes créés par l'homme, ces choses ne possèdent *aucun sens définitif* en elles-mêmes. Embarquer dans un monde « fic-

---

qu'il est difficile de concevoir que les concepts de Lovecraft puissent donner lieu à un système magique fonctionnel qui ne dépend pas des systèmes traditionnels existants (tels que la Kabbale) où ils constituent un point pour l'étude comparative et la pratique. *Hecate's Fountain* (1992) de Kenneth Grant illustre cette approche, en particulier dans la section intitulée « Al in the Light of the Necronomicon Gnosis ».

Finalement, ma position de départ était que toutes les manifestations sont des constructions de *maya*, et qu'il n'y a pas de « Soi », mais seulement des masques de « Soi ». Tout est un modèle, une construction temporaire ou, si vous voulez, un paradigme—et c'est pourquoi la Magie fonctionne !

tif » avec tous ses atours, dans le but d'investir en lui une croyance en guise de substitut pour le monde « factuel » qui nous entoure (qui est la défaillance de tant d'occultistes et de presque tous les religieux) est l'évasion de la réalité à son pire. Une telle tendance à la foi aveugle témoigne d'une effroyable ignorance à la lumière des découvertes scientifiques et magiques d'aujourd'hui.

C'est dans cette optique que nous pouvons comprendre comment des modèles « fictifs » tels que le Mythe de Cthulhu peuvent être utilisés pour élargir notre perception de la réalité, si ces derniers sont employés comme langage symbolique, un moyen de médiation des énergies bien réelles qu'ils représentent. Seul un traditionaliste occulte pur et dur soutiendrait qu'une entité « fictive » comme Azathoth était en quelque sorte moins « réelle » que, disons, la Grande Prêtresse du Tarot. Le niveau de naïveté d'une telle vision est à couper le souffle ! La question n'est pas celle de la réalité fondamentale d'une équation particulière après tout, mais plutôt de ce que l'équation est censée représenter. Toutes deux, les équations « Azathoth » et « Grande Prêtresse » présagent de l'existence de quelque chose à percevoir directement qui se trouve au-delà de l'esprit humain. S'ils sont correctement invoqués, les deux s'enregistrent comme une expérience particulière qui élargit le sens de soi, nous permettant de nous changer nous-mêmes, de même que les choses qui nous entourent, nous rapprochant ainsi davantage de la réalité.

(7)

Les entités Lovecraftiennes du Mythe de Cthulhu sont des masques de chaos, des abstractions indiquant que l'esprit qui les a conçues luttait pour former des équations qui décriraient les expériences qu'il subissait. Les rêves de Lovecraft étaient hantés par des scénarios cosmiques auxquels il avait personnellement du mal à s'identifier : à tel point que contrairement à Blavatsky, Von Liebenfels et bien d'autres littéralistes cosmologiques, il présentait ses idées sous une forme de fiction — c'était en réalisant que bien que ses conceptions revêtaient d'une étrange validité pour l'époque où il vivait (en fait, dans ce cas-ci, Lovecraft tout comme Spare était en avance sur son temps), elles n'étaient pas acceptables en tant que « réalités » pour son esprit rationnel et sceptique. C'est une démonstration de l'intellect supérieur et de la force mentale de Lovecraft que, contrairement à tant d'autres, il était en mesure de résister à investir une foi dans ses puissantes conceptions personnelles, sans nécessairement en compromettre leur validité par des termes philosophiques et théoriques. C'est une forme de discipline mentale qui fonctionne bien en conjonction avec la pratique magique moderne, et bien qu'il soit douteux que Lovecraft aurait approuvé, il s'agit d'une discipline qui peut transformer ses concepts cauchemardesques en un système de magie cohérent et fonctionnel, un paradigme extrême pour une gnose extrême.

(8)

Librement interprété, le Mythe de Cthulhu est une équation magique d'autant plus utile qu'elle s'efforce d'aller au-delà de l'anthropocentrisme, repoussant les limites conceptuelles que nous imposons à la réalité. Les masques du soi qui se profilent sont étranges, inconnus et, pourtant, paradoxalement, il y a quelque chose en eux que nous reconnaissons quand même.

À une époque de faible conformité et de foi aveugle, toujours répandu dans même les domaines les plus « avancés » de la recherche humaine, il s'agit d'un paradigme à travers lequel nous pouvons en apprendre davantage sur la réalité. Ce dernier propose un danger séduisant, un pouvoir cathartique et une promesse de transcendance.

Ces entités primitives du panthéon du mythe sont au-delà du Bien et du Mal ; elles représentent le soi libre du « Péché de la Restriction », puissant et sans peur.

Invoquons-Les nous-mêmes, libres de toute restriction, puissants et sans peur, en poussant le cri : « Maintenant Pour Réalité ! »

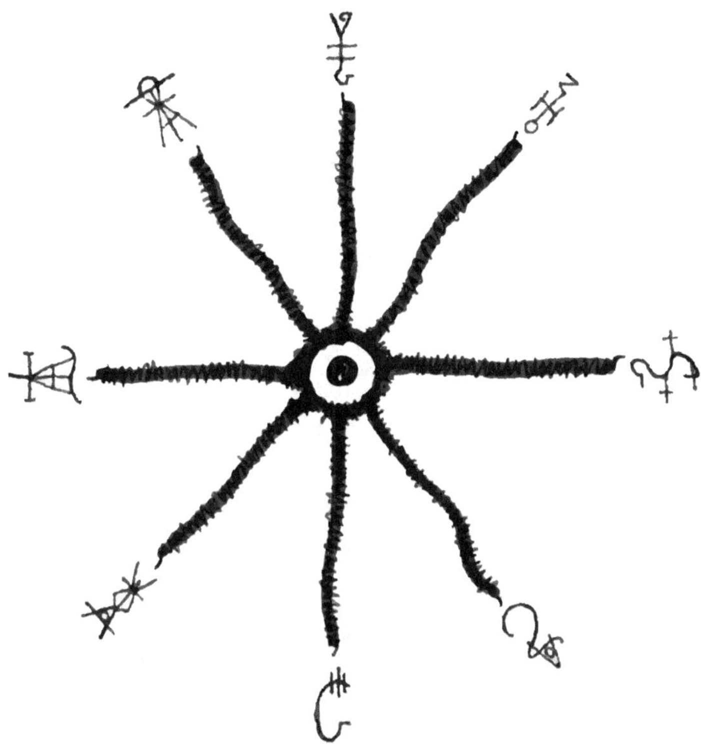

La Roue de Koth

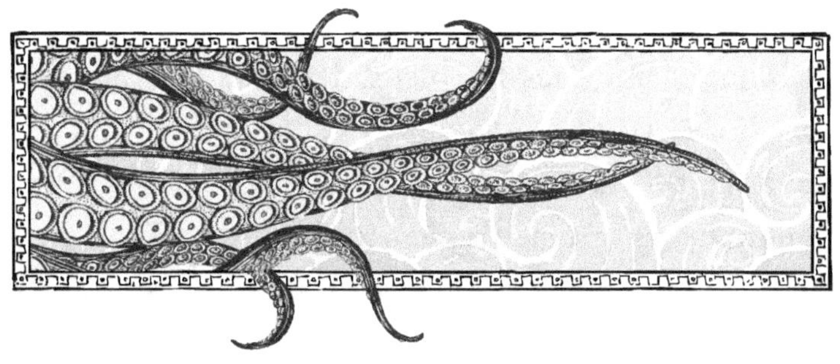

La Formulation de l'Ombre

Asseyez-vous ou allongez-vous dans n'importe quelle *asana* personnelle, dans un silence absolu. Lorsque le confort et l'équilibre de la respiration intérieure seront atteints, débutez le soi-disant « Exercice du Pilier du Milieu » tout en visualisant en ordre de haut en bas : la Couronne (Kether, lumière blanche) ; la Gorge (Da'ath, violet brillant) ; le Plexus Solaire (Tipheret, doré) ; les Organes Génitaux (Yesod, violet électrique) ; les Pieds (Malkuth, noir).

Après un certain temps, *inversez* ce processus. Le Soi d'ombre s'élèvera comme un « miroir » direct du Soi allongé, sa tête semblant s'élever de l'endroit

où sont positionnés les pieds de votre Soi allongé.
Transférez votre conscience à ce simulacre tout en
visualisant le signe de Koth. (Cela facilite le renver-
sement nécessaire des règles « normales » concernant
les formules d'invocation/évocation, car les Grands
Anciens peuvent être interprétés, dans un sens,
comme étant des Démons Cosmiques de dimensions
Macrocosmiques, par opposition aux dimensions mi-
crocosmiques.) Votre ombre, ou votre Moi « astral »
se rendra désormais automatiquement à la Tour et
au Temple à huit côtés.

LIBER KOTH

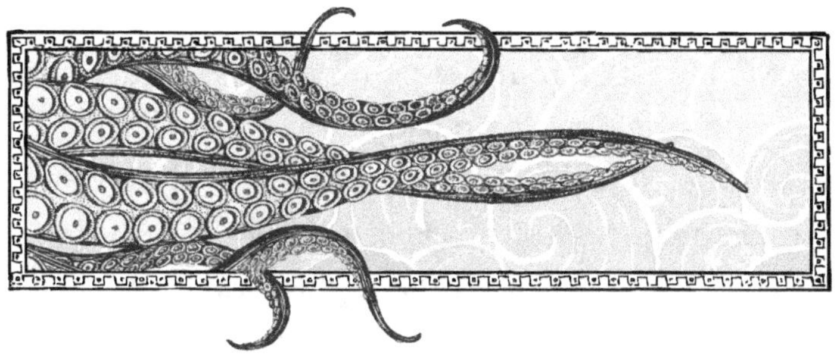

LIBER KOTH

KOTH (Kotha, « Celui qui est Creux ») est la Tour Noire de Set qui surplombe les Abysses, le monde des coques (Ceux qui sont Creux). C'est le lieu où les dimensions se rencontrent, le lieu où le « soi » apparaît devenir un « autre », le lieu de l'union des contraires. Il est révélé par le signe de KOTH — Chaos.

KOTH est la Tour du Chaos, l'Œil Secret ; l'Œil qui voit dans les rêves. C'est la Tour qui se tient en sentinelle au carrefour de la Vie et de la Mort. C'est l'endroit pour DEVENIR[2].

---

2   *The place to BE-COME*. Signifiant à la fois *devenir* et *Être* et *Venir*. NDT.

KOTH est la Tour qui pénètre dans le vide ; c'est le phallus de Set ; le yoni d'Hathor. C'est la Pierre Noire de Nyarlathotep ; l'appendice d'Azathoth. C'est le pylône d'Eblis ; l'éclair noir de Nodens.

KOTH est le Haut Temple des Grands Anciens ; c'est le lieu où se dérouleront ces travaux solennels ; c'est la chambre silencieuse où commence votre voyage dans la réalité du soi.

KOTH est votre entrée, votre portail, votre vue intrépide sur le Désert de Set. Ce sera votre Seule et Vraie demeure pour la durée de ces conjurations.

Votre vue depuis la Tour de KOTH s'étend sur les huit directions de l'Espace-Temps ; l'axe central où vous vous tenez se trouve au centre de la roue à huit rayons du Chaos.

Les invocations débutent avec YOG-SOTHOTH (l'expansion infinie du chaos primitif) et se déroulent dans le sens contraire des aiguilles d'une montre, jusqu'à AZATHOTH (le cœur infini du chaos aveugle et idiot) qui complète le cercle de ce système...

1. Yog-Sothoth

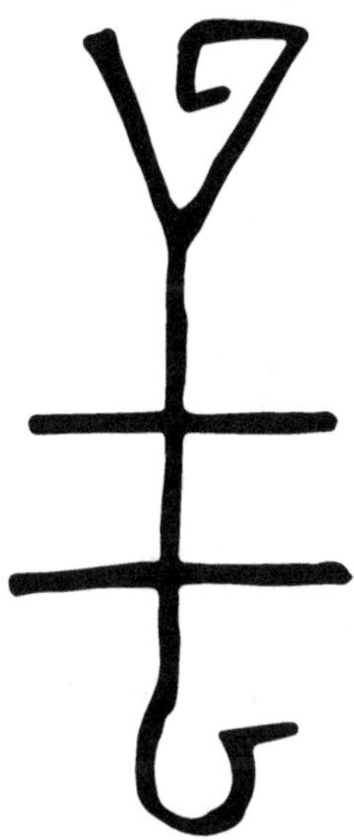

Le Sceau de Yog-Sothoth

(à tracer en violet)

(Toutes ces pratiques se déroulent dans un Temple créé « astralement » dans la Tour de KOTH ; le portail du Vrai Rêve qui peut être découvert en méditant sur le signe de KOTH. À l'intérieur de ce Temple, il fait toujours nuit. Il y règne un silence infini et ininterrompu. Vos conjurations prennent la forme de commandes mentales tacites.)

L'OBSCURITÉ DANS le temple est épaisse, presque saisissable et tangible, mais ce n'est rien comparé au noir d'encre du vide qui s'étend à l'extérieur du portail ; des ténèbres si complètes qu'elles menacent d'engloutir la seule bougie faible par laquelle vous percevez le sceau de Yog-Sothoth. Vous êtes assis devant ce sceau, absent, un zombie, jusqu'à ce que la bougie se consume entièrement et que vous vous retrouviez plongé dans l'ultime obscurité changeante. Résistant à la panique, vous remarquez que le sceau, que vous avez fixé du regard de manière absente pendant si longtemps, a commencé à se former dans le vide devant vous, et vous le sentez briller et gagner en conscience avant qu'il ne soit lui aussi plongé dans la Nuit de Pan.

Vous flottez pendant un temps indéterminable, ne ressentant ni « ceci » ni « cela » mais, progressivement, une sensation de révérence vous envahit alors que vous ressentez la présence de Yog-Sothoth ; une immensité qui semble se trouver en Toutes Choses En Même Temps, sans dimension, le limon stellaire primitif du chaos ; le démon ultime. Vous ne pouvez rien faire pour empêcher Yog-Sothoth de vous envahir, de vous *absorber* d'une quelconque manière, mais vous devez ouvrir votre esprit à tout ce qui pourrait vous être communiqué—ce n'est qu'en reculant de terreur à ce stade que l'invocation peut devenir dangereuse à supporter.

Remarques : Ceci est l'une des invocations/méditations les plus puissantes que j'aie jamais effectuées en termes d'effets sur ma personnalité et sur mes perceptions quotidiennes. Pendant les semaines qui suivirent, j'ai eu l'impression que mon « ardoise avait été effacée » : je ne ressentais aucun doute ni peur ; j'étais plein d'énergie, de créativité et d'enthousiasme—le seul « inconvénient » fut que j'ai souffert d'un épisode d'amnésie temporaire à l'égard de certains aspects de ma vie passée (au sujet de laquelle j'étais étonnamment indifférent). Cela fut accompagné d'une phase sans aucun rêves ; impossible peut-être, mais je n'avais certainement pas le moindre souvenir d'un seul rêve pendant toute une période de deux semaines ! Dès que j'ai recommencé à rêver, mon passé a commencé à ressurgir de nouveau et j'ai perdu le sens aiguisé de la créativité et de l'enthousiasme, ces choses revenant à leur niveau normal en l'espace de quelques jours.

De nombreuses images, glyphes et sceaux associés à Yog-Sothoth se sont imposés à mon esprit, dont les plus persistants étaient : un vautour d'un noir intense transportant un disque brillant ou un bouclier ; l'entité connue sous le nom d'Aigle Noir, un émissaire des Grands Anciens dont A. O. Spare a fait un portrait ; un visage lorgnant brun-violet avec des tentacules faciaux du nom de Z'NAI[3] ; et un « Sceau de Pouvoir » dont il est dit qu'il peut « faire surgir un démon sans nom de l'Enfer qui accomplira tout ce que le magicien voudra obtenir ».

---

3   Il s'agit d'un anagramme du mot ZAIN, l'Éon du Silence, associé à Set et aux Tunnels du côté opposé de l'Arbre de Vie. Le sceau montre un Sauteur des Sphères, cornu de pouvoir. Des enquêtes et des évocations ultérieures ont conduit à l'obtention de formules de magie sexuelle en lien avec la « lune » du glyphe, en forme de faucille inversée au-dessus du cercle qui fut interprété comme étant une représentation du soleil. Le rituel suivant a réifié les énergies sous la forme d'une « logique de rêve », d'un discours oraculaire, semblant émaner d'un genre de totem creux fait de pierre, lequel j'avais façonné sous la forme du visage tentaculaire. Peut-être n'est-il donc pas si surprenant que Z'NAI = 68 = à la fois « être sage » et « vide », typique du caractère incisif et à la fois dessus dessous des Anciens.

En ce qui concerne Aigle Noir, une session médiumnique a été entreprise à l'aide d'une simple planche de Ouija. Bien que fastidieuse et plutôt laborieuse en tant que procédure solitaire, j'ai obtenu des résultats très intéressants avec cette méthode. Voici un extrait de la « communication » que j'ai reçue (datée du 27 juin 1989).

« Êtes-vous Aigle Noir ? »
OUI.
« Avez-vous quelque chose à me communiquer ? »
0+6+5 0+6+6,[4] OMMOT.

---

4   Il s'agit d'une formule numérique qui avait été utilisée par un esprit pour s'identifier à moi, et sur laquelle je pouvais compter comme une information solide. Le nom de

« Pouvez-vous être plus intelligible ? »

JE SURVEILLE LES PIERRES.

« Quelles sont ces pierres ? »

PIERRES CREUSES, PLEINES D'ESSENCE.

« À qui appartiennent-elles ? »

SYTH.

« Qu'elles sont leur essence ? »

ZRO.

« Zéro ? Rien ? »

YOGSYTH.

---

l'esprit est Zomoz, et il m'a été « fourni » par l'ange Samael, en tant que serviteur sous la forme d'un corbeau ressemblant à un dragon. (J'ai un long historique de contacts et d'associations avec les soi-disant « Anges Déchus ».) Zomoz m'a présenté une série de sceaux qui ont ensuite fourni le matériel de base sur lequel repose *Liber Koth* — voir la couverture de NOX #2 (août 1986) où ils sont apparus pour la première fois sous forme imprimée.

Aussi étrange que cela puisse paraître, une grande partie du matériel suivant concernant Aigle Noir et les « Pierres Creuses » — qui s'est produit indépendamment de toute communication mondaine — apparaît également sous une forme similaire dans *Outer Gateways* de Kenneth Grant, soulignant ainsi les qualités « objectives » de sa provenance. Au cours des dernières années, j'ai trouvé un lien similaire entre certaines de mes « sources inspirées » et celles discutées dans des ouvrages tels que le chef-d'œuvre d'Andrew D. Chumbley : *Azoetia*, bien que je doive mettre l'emphase que sur ce point, M. Chumbley et moi-même sommes en désaccord amical, mais cependant complet.

« YOG-SOTHOTH — est-ce des pierres debout ? »

OUI, ELLES SE TIENNENT DEBOUT ET TOMBENT. ELLES FONT DE L'OMBRE SUR LE TEMPS DES HOMMES.

« …Comment avez-vous acquis cette connaissance ? »

CHETH, SOI.

« Cheth ; est-ce — 8 ? »

OUI.

« Signification ? »

VOUS L'APPELEZ CHAOS. UN TRÔNE.

« …pourquoi vous nommez-vous Aigle Noir ? »

MES AILES VOLENT À RECULONS VERS LE COMMENCEMENT. JE SUIS LE VOL DE SYTH OMMOT. DE CETTE HAUTEUR, JE SURVEILLE LES PIERRES.

« Puis-je aussi voir ces pierres ? »

NUL HOMME NE PEUT LES VOIR. ELLES SONT CREUSES.

« … pouvez-vous m'offrir un quelconque présent de votre sagesse — pouvez-vous m'accorder un pouvoir ? »

8.

« Le chiffre 8… ? »

C'EST UN POUVOIR.

Voir la note précédente concernant *Outer Gateways* de Grant. Comparez tout particulièrement le troisième chapitre de *Outer Gateways* avec la communication d'Aigle Noir dans le présent ouvrage, et remarquez comment les obscurités semblent moins obscures ! Les « Pierres Creuses » se rapportent une fois de plus à la gnose de Setian en tant que « pierres de marquage » phalliques tout du long du système de lignes telluriques démoniaques sous le Désert de Set, les « dissimulateurs » du qliphoth de Binah et l'image de la Tour elle-même, en tant que centre creux de la conscience négative.

Presque tout le monde conviendra qu'il y a ici beaucoup d'intérêt, bien que, comme dans toutes ces « communications », peu de choses demeurent claires et que beaucoup plus demeurent ouvertes à l'interprétation. Cependant, les références obliques du mythe et les commentaires mystérieux en général, semblent être cohérents et uniformes en termes de la symbologie impliquée. (Incidemment, notez que le présent livre a été écrit *huit* ans après la réception de cette « communication ».)

2. KADATH

Le Sceau de Kadath

(à tracer en orange)

UNE FLAMME unique, tamisée, illumine le sceau de
Kadath. Vous vous asseyez, nu, en position de
lotus, dans la froide obscurité du temple, sentant le
changement éonique de la Roue du Chaos alors que
vous fixez profondément le sceau ; vous prononcez le
nom de Kadath dans votre esprit, sondant les déserts
glacés et silencieux du monde inférieur. À travers

le portail, une vue de pure dévastation commence à émerger ; les ténèbres blanches balayant le Néant qui est pourtant Quelque Chose. C'est une création qui émane des vents-du-vide précédant la venue de Yog-Sothoth ; c'est une terre désolée à la frontière de l'univers connu, un conglomérat d'âmes mortes, peu nombreuses, qui sont suffisamment Pures et Silencieuses pour exister ici. L'égrégore de ces Êtres est Kadath. L'égrégore s'approche maintenant de vous, impénétrable, indéfinissable, mais le masque qu'il projette est celui d'un petit être flétri[5], un énorme cerveau exposé dans une tête semi-transparente ; ses traits simples et enfantins fixant l'intensité brûlante de ses yeux étranges. Il vous touche avec son esprit, et votre âme est aussitôt emportée par un souffle de vent glacial et brûlant. Lorsqu'enfin vous vous sentez revenir, vous ouvrez les yeux pour retrouver le temple dans l'obscurité.

---

5   Il s'agit du Lama de Leng, connu sous le nom de Lam — un masque familier des Anciens qui facilite la fonction apparemment paradoxale de fournir un moyen de communication entre l'Humanité et les royaumes ineffablement étrangers au-delà de Yuggoth.

Remarques : Kadath semble être un corollaire rationnel de l'expérience engendrée par l'invocation de Yog-Sothoth. C'est l'esprit qui cherche à tâtons un sens et une définition, mais ne trouvant que la terre désolée ; un désert sans ego qui est clairement inhospitalier pour la grande majorité des formes de vie sensibles. Seul le plus grand des initiés peut résider ici volontairement, si près de la source de tout.

Notez que la formation des formules intelligibles dans le *Liber Koth* était perçue comme provenant de cette région, hurlant à travers les complexes du « désert glacé » se trouvant derrière le Portail Da'athien.

3. HASTUR

Le Sceau d'Hastur
(à tracer en rouge)

LA ROUE sombre passe au prochain Éon et le Temple se trouve prêt pour la phase suivante. Vous vous accroupissez, encapuchonné dans le noir devant la flamme qui révèle le sceau d'Hastur. Vous projetez votre conscience à travers le portail dans la nuit rouge sang et glaciale du désert ; dans les terres désolées de l'ancienne Hali, qui fut peut-être autrefois un paradis, mais qui est maintenant aussi sèche et jaune-noir qu'un cadavre, avec les soleils de sang dégoulinant qui ne se lèvent jamais complètement et ne se couchent jamais complètement.

Se déplaçant à travers cette scène mortelle, est une tempête de vent noire titanesque, curieusement silencieuse dans sa frénésie impitoyable. Ce sont les battements d'ailes, la paupière battante, du Grand Hastur, la voix des Anciens, le Cri du Silence ; Celui qui traque les espaces entre les étoiles. Alors que le cyclone qu'est Son Être approche, vous êtes aspiré dans le vortex et emmené dans les Dimensions Supérieures de la réalité. Le silence hurlant s'adresse ici à vous, la paupière se met à battre au rythme de la pulsation des étoiles, l'abîme de l'espace est chargé d'une terrible sensibilité ; le Grand Dieu souffle à travers vous, et vous vous fendez tel un arbre foudroyé.

Remarques : J'ai trouvé que l'invocation d'Hastur était une terrible épreuve. Lors d'une occasion précédente (le 19 octobre 1987 pour être précis), j'avais expérimenté le même genre d'entité violente au milieu de grands vents qui avaient dévasté de nombreuses régions du pays. En compagnie de certains de mes amis, nous avions pris des « champignons magiques » et j'ai eu ce qu'on ne peut que décrire comme un « *bad trip* » qui a eu pour résultat que ma conscience confuse se trouva soulevée contre ma volonté dans un véritable trou noir d'un tunnel, lequel était en quelque sorte construit par des démons à la ressemblance de fourmis. J'ai cru comprendre qu'ils s'appelaient les DNNZ. Ce ne fut point une surprise de découvrir que le nombre de ce mot est 111 : l'« Épaisse Ténèbres » de l'abîme.

L'invocation d'Hastur était semblable à cette expérience. Alors que je me sentais saisi par l'entité, j'ai dû combattre pour faire cesser la panique et puis, dans toute cette obscurité terrible et suffocante, je me suis senti observé et j'ai ressenti un frisson de terreur—*comment pourrait-il y avoir un œil vivant ici ?* C'était vraiment comme se faire frapper par la foudre.

Images et sceaux associés à Hastur : Une étoile noire rayonnante associée « au nombre 46 » ou « à l'année 1946 » ; tremblement de terre ; un dragon ; une momie avec un masque d'argent ne comportant aucun trait sur le visage, sur lequel sont griffonnés plusieurs sceaux :

Il y avait davantage de nombres, mais ceux-ci étaient les seuls que je pouvais « discerner » clairement. Ces derniers semblaient être associés au « véritable nom d'Hastur » lequel peut « être lu mais non interprété ; vu mais non compris. J'associe ces chiffres à la chance, car immédiatement après les avoir « reçus », j'ai hérité de plusieurs milliers de Livres Sterling.

4. Nyarlathotep

Le Sceau de Nyarlathotep

(à tracer en noir indigo)

Des terres désolées de Hali et des vents d'Hastur émerge Nyarlathotep, émissaire des Grands Anciens. Dans l'ancienne Khem, il était connu sous le nom de Set ; l'Être Sans Visage, le chaos rampant. Il se manifeste comme Némésis ; votre Diable ou Double. Il est la Nuit Primordiale qui éclipse le Soi Diurne. Il est perçu comme l'Ennemi, mais Il doit être accueilli comme votre Ami. Il est le Sombre Messager dont le cri silencieux réveillera votre Moi Secret.

Le Temple repose dans l'obscurité, et en même temps l'éclat d'une flamme est placé au centre d'un podium solitaire devant le portail, sur lequel se dresse un miroir. De forme simple et étroite, le miroir reflète votre image contre la Nuit Noire des Abysses, laquelle semble ramper et se déplacer au-delà du portail de la Tour.

Vous êtes assis totalement immobile, votre corps est entièrement recouvert de noir; une capuche noire couvrant votre tête; un masque noir sans traits couvrant votre visage qui ne permet la vue que par l'œil gauche uniquement. Le sceau de Nyarlathotep a été peint sur le miroir au niveau des yeux. Vous commencez à respirer au rythme du mouvement chaotique du vide réfléchi dans lequel vous semblez disparaître, jusqu'à ce que votre conscience soit centrée uniquement sur le sceau. Dans l'obscurité la plus totale de la fosse, votre absence d'image de soi commence lentement à se profiler en une forme qui s'efforce de se définir à partir du chaos produit par ce mouvement infernal. Bien qu'indistincte au premier abord, un grouillant jeu d'ombres de tentacules hideux, l'image se met finalement à se fondre dans un contour semblable à celui d'un humain, jusqu'à ce qu'une grande silhouette, rayonnante de lumière noire, se lève à votre place.

Il s'agit de Nyarlathotep—Auto-triomphant en sachant que Son message sera reçu! Vous l'entendez vous appeler avec votre propre voix intérieure. Dans les Profondeurs, quelque chose se met en mouvement.

Remarques : En complète contradiction avec le travail de Yog-Sothoth, cette période fut remplie de rêves extrêmement vivaces, parfois même effrayants. L'un des rêves, particulièrement menaçant, concernait une Loge Noire qui tenait des réunions dans un égout victorien désaffecté qui avait des liens avec une société secrète orientale ; la « Tong du Dragon Noir ». Le totem magique de ce groupe était une grande pierre noire en forme de disque, effacée par endroits et s'effritant sur les côtés. Il y avait le nom d'une entité liée au groupe : ZOMMO, qui curieusement était aussi le nom de la pierre.

La vivacité et la qualité intrigante du rêve m'ont encouragé à réutiliser la planche de Ouija (séance du 7 octobre 1989) :

« Quel est votre nom ? »

OZ.

« Force ? »

OUI.

« Je souhaite parler à ZOMMO. »

OMMOZ.

« Je vois : OMM-OZ. »

OUI.

« Êtes-vous ZOMMO/OMMOZ ?[6] »

OUI.

« Qu'êtes-vous ; quelle est votre nature ?

PLUSIEURS MEMBRES. UNE DAGUE SERTIE DE JOYAUX.

« Quel est votre nombre significatif ? »

93.

« Qu'est-ce qui vous relie à moi par mon rêve ? »

MIROIR.

« Le miroir de mon invocation ?

ZAZAZ.

« Pouvez-vous être plus clair ?

IL EST L'ANCIEN QUI TIENT UN TRIDENT.

…

---

6   Zazaz qui se réfère également à Choronzon et à la dixième aether du système Énochien. Voir aussi la note précédente à propos de Zomoz. (*Aether, Aethyr ou Aire.* NDT.)

« Quel est le message de NYARLATHOTEP ? »
C'EST NON-DIT. IL EST ÇA LUI-MÊME. IL RÉVEILLE CELUI QUI TIENT LE TRIDENT.
« Quel est le nom de 'celui' ? »
CHAOS. UN TRÔNE. ZAZAZ.
« Est-ce que ZAZAZ est le nom ? »
JE NE SAIS PAS. IL SE RÉVEILLE.
« Pouvez-vous me donner des instructions ? »
TROUVEZ LA TOUR.
« Quelle est cette Tour ? »
KOTH OOLOO.
« Avez-vous un pouvoir à me donner ? »
CONNAISSANCE DE LA PIERRE.

Encore une fois, il faut dire que cette « communication » est remarquable ne serait-ce que par sa cohérence propre. La mention de « Koth-Ooloo » m'a permis de découvrir des connexions qui contribuèrent à la systématisation de ces travaux, et sa pertinence par rapport à la phase suivante des invocations est évidente.

Images et glyphes associés à Nyarlathotep : Une sorte de vieux prêtre brûlé par le soleil, d'allure ascétique, portant un chapeau conique ; un visage monstrueux avec des tentacules faciaux (voir ci-dessus) ;

un anneau d'argent terni, aussi long qu'une moitié de doigt, se terminant en une pointe acérée ; un gigantesque mille-pattes noir.

Un autre rêve expliqua que la pierre en forme de disque qui appartenait à la Loge Noire était en fait un mille-pattes préhistorique fossilisé, enroulé en spirale—l'ancien eidolon de Nyarlathotep.

5. CTHULHU

Le Sceau de Cthulhu

(à tracer en noir)

LA ROUE éonique atteint son nadir et il y a un gigantesque mouvement dans les Abysses Noires au-delà du portail.

Le sceau de Cthulhu est illuminé par une bougie pâle. Alors que le mouvement et la pulsation deviennent de plus en plus violents, vous vous sentez entraîné à travers le vortex du portail dans les ténèbres extérieures. Pendant un temps, il n'y a rien, une absence retentissante de conscience, jusqu'à ce que, comme quelqu'un qui se réveille d'un long, long sommeil, vous vous retrouvez dans un terrain infernal d'ichor d'une couleur noir d'encre ; le profond limon et la boue d'une île ressurgissant du fond de l'océan.

Vous suivez une sorte de chemin gonflé entre d'horribles pierres et de piliers en ruine représentant d'étranges formes de vie aquatique, jusqu'à ce que vous atteigniez un Temple, son entrée en ruine vous permettant d'accéder à son intérieur sombre. À l'intérieur, la puanteur de la mort s'échelonnant au long des éons assaille les narines, et la pourriture dégoûtante est étouffante — et pourtant, quelque chose remue et des formes-pensée floues se mettent à formuler en un refrain invocatoire obsédant : « *N'est pas Mort ce qui à Jamais dort, et au long d'étranges Éons, même la Mort peut Mourir.* »

La voix sifflante résonne dans votre esprit alors que vous progressez toujours plus loin dans l'antre des ténèbres. Finalement, vous arrivez à une porte en pierre brute sur laquelle est gravé le sceau de Cthulhu ; il se tord, étrangement sensible et semblable à un trident. Au gré de Quelque chose dans le noir, la porte s'ouvre bizarrement et vous pénétrez alors dans une chambre caverneuse, somptueuse dans sa féroce asymétrie, scintillante de teints de jade des plus sombres parcourus de veines de marbre noir comme le jais. Et au centre de cette terrible majesté se trouve le Grand Cthulhu, Lui-même, Prêtre des Anciens. La tension dimensionnelle qu'Il exerce sur vos perceptions semble déformer et déplacer les Angles de l'Espace et du Temps, chaque déplacement provoquant un changement dans votre perception, un changement radical dans la conscience, de sorte que chaque facette du Soi se trouve alors révélée et il devient entendu, qu'en réalité, la « Mort » ne « Meurt » pas ; ce Soi est Immortel et Éternel. Cette réalisation est un Joyau à multiples facettes dans l'esprit qui vous libère du sommeil des Éons, vous éveillant à la pleine connaissance passé-présent-futur de la réalité de soi.

Remarques : Cette expérience ne devient que l'un des « angles de la démence » pour ceux qui ont une perspective limitée et qui sont effrayés. Le message de « connaissance de soi » reçu dans le travail de Nyarlathotep est la semence qui est plongée dans les profondeurs, éveillant le soi à la réalité. Ce n'est pas tout ce qui surgit de telles profondeurs qui porte une douce et lumineuse odeur, une réalisation stylisée par la violence effroyable et sauvage qui contrebalance la montée vertigineuse d'une créativité radicale dans l'histoire de Lovecraft, « L'Appel de Cthulhu ». Dans ce sens, l'énergie psychique que représente Cthulhu est « satanique », et elle le sera véritablement chez ceux qui l'expérimentent de manière non sollicitée et par mégarde. Face à une telle dose inattendue et non diluée de conscience de soi, la majorité des gens reculent en horreur, incapables de supporter une telle connaissance. Comme il en est pour Satan à cet égard, Cthulhu représente un maître sévère et intransigeant. Quiconque aux intentions impures et à la faible Volonté — prenez garde !

6. TSATHOGGUA

Le Sceau de Tsathoggua

(à tracer en vert foncé)

LE PAN-orama au-delà du portail de la tour de Koth représente une scène de marais empoisonnés. Vous vous accroupissez devant le sceau de Tsathoggua ; Celui qui rampe depuis l'Abîme ; le Grand Crapaud de la Pierre Creuse. Vos conjurations sont une masturbation magique ; un jeu d'ombres dans le silence de l'esprit, vos invocations sont inhérentes à la forme vibrante du sceau qui s'écoule à travers le portail dans la bouche de la Nuit.

Vous passez du temps dans les ténèbres silencieuses, ne sentant ni « ceci » ni « cela », sans être conscient d'attendre la conception de la projection du sceau. Puis—le centre du Soi fixe son attention sur le portail, à travers duquel émerge une épaisse obscurité ; l'amalgame du limon et d'ombres qu'est Tsathoggua.

L'Ancien s'accroupit devant vous, une forme de crapaud avec des appendices monstrueux faits de serpents qui se tordent ; un masque de gorgone fait d'ombres changeantes similaire à des chauves-souris. Alors que vous êtes entouré et lentement englouti par Lui, vous vous sentez glisser de plus en plus profondément dans des éternités de ténèbres, et bien qu'il semble n'y avoir rien sur quoi vous appuyer, vous vous retrouvez soudainement capable de faire un bond vers les étoiles.

Remarques : Nous arrivons maintenant à une phase du système qui est caractérisée par des êtres plus manifestes ; la progéniture chtonienne ou terrienne des Grands Anciens, qui cherchent à procréer et à parvenir à s'exprimer visiblement en des termes plus « reconnaissables ». Tsathoggua caractérise le monde souterrain au potentiel latent, le saut depuis nulle part ; Shub-Niggurath est son expression en termes de nature sauvage et abandonnée. En termes mystiques, Tsathoggua est l'enfant magique du vrai génie sorti de la matrice ; Shub-Niggurath est la croissance sans le péché de la restriction.

Il est possible de communiquer directement avec Tsathoggua. En tant qu'« esprit », Il se rendra facilement intelligible au médium. Voici un extrait d'une telle « communication » (datée du 4 janvier 1990.)

« Comment proliférez-vous sur terre ?
COMME ET PAR L'ENFANT.
« Est-ce cela qu'on appelle parfois un « moonchild [7] » ? »
LA PLANÈTE SATURNE. HYPERION EST LA LUNE CREUSE, LA LUNE SECRÈTE : N'ZAI.
« J'ai déjà entendu ce mot, qu'est-ce que cela signifie ? »
C'EST UN NOM ET UN GRAND CALME.
…

---

7   Une personne née sous le signe astrologique du Cancer. NDT.

SEUL L'ENFANT NÉ PAR MOI POURRA CONQUÉRIR.

LES HOMMES SAUTERONT OU JAMAIS NE BOUGERONT[8].

…

« Avez-vous des Pouvoirs à me conférer ? »

BEAUCOUP SERA CÉDÉ À MON SERVICE.

APPELÉS MÉCHANTS[9] PAR LES HOMMES, MES ENFANTS FONT BOUGER LES HOMMES IMMÉDIATEMENT.

« Que savez-vous des pierres creuses ?

TOUT.

« Qu'est-ce qui peut être divulgué ? »

RIEN. C'EST LE SILENCE.

« Pouvez-vous m'indiquer la bonne direction ?

418.[10]

---

8   Cela semble être une référence aux sauts évolutifs extrêmement puissants qui se produisent *seulement* par mutation. Tsathoggua représente le saut de la conscience instantané, typique de l'afflux soudain des énergies de « Nuit », qui provoquent des changements mutationnels devançant « des milliers d'années en quelques secondes », expliquant ainsi les mystères Éoniques en dehors du temps séquentiel mesuré. L'ergosphère qliphothique du Trou Noir dans la conscience cosmique !

9   Evil. NDT.

10   Le nombre de la *Manifestation*, la *Mani-pierre*

« Rien de plus ? »
UN CERCLE ATTEND.

(4+1+8=13) ; aussi « achad » = unité, etc. Cela pointe vers le cycle suivant, celui de Shub-Niggurath, étant la connexion de la manifestation/dissolution.

7. SHUB-NIGGURATH

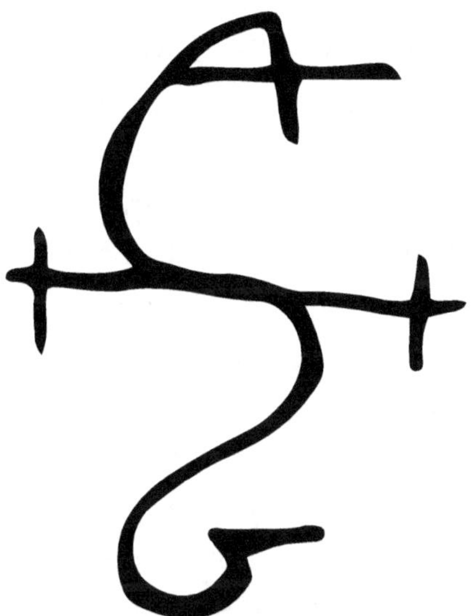

Le Sceau de Shub-Niggurath

(à tracer de couleur émeraude)

VOUS VOUS agenouillez devant le sceau de Shub-Niggurath, la Chèvre Noire des Bois, esprit de la Terre Noire. Vous êtes conscient d'un rassemblement de Moi-Ombres alors qu'en prenant un couteau tranchant vous vous faites une incision sur le corps, et alors que le sang suinte et que vous l'étalez sur vos lèvres (en silence) de même que sur le sceau (une convention du silence) vous vous sentez emporté par le cercle des moi-ombres avec lesquelles vous commencez à danser, en ronde dans le sens opposé au soleil, dans l'extase et le ravissement.

Alors que le Sabbat des Soi tourne de plus en plus vite, vous prenez conscience d'une Grande Présence se tenant au centre du cercle ; une Présence qui est le point central de la roue de l'extase. Surplombant de manière gigantesque, un colosse formé de terre, d'animal, d'arbre et de sang, le Seigneur Chèvre Shub-Niggurath se tient fier et Éternel au milieu du delirium, se déplaçant si rapidement avec le cercle qu'Il/Elle ne semble pas bouger du tout. Il/Elle est la somme du sabbat des Soi, abandonnés et libres, brisant et déchirant les chaînes de la matière, un visage primal féroce, les lèvres tachées du sang des siècles. Il/Elle est le Visage Noir de la Fin. Il/Elle est la phase de Mort des Éons ; l'ultime phase de la matière au bord de la dissolution ; l'Égrégore de Toutes Choses. Le cercle tournoie et tourne jusqu'à ce que les ténèbres de l'épuisement le chassent au loin, tourbillonnant hors de la vue et de l'esprit, mais sans que jamais il ne s'arrête...

Remarques: Libre de toute restriction (les chaînes de la matière), le sabbat de Shub-Niggurath représente l'avant-dernière transformation de « l'Expansion Infinie » (Yog-Sothoth) en « Contraction Infinie » (Azathoth) et signale la mort de l'illusion de la chair. Shub-Niggurath est le maître de tous les états transcendants; toute vie; toute réalité. Seigneur de ce monde, Shub-Niggurath est la somme extatique de tous les Moi; l'égrégore de tous les êtres vivants; l'enfant magique qui a grandi parfait dans la liberté et la félicité.

Maître de la réalité, Shub-Niggurath représente le summum du pouvoir terrestre (quel que soit le contexte) et met aisément à la disposition du magicien les moyens de s'élever jusqu'aux sommets de n'importe quel domaine choisi; c'est-à-dire, s'il se soucie de se départir de l'énorme quantité de temps et d'efforts nécessaires pour donner chair à de telles illusions... Le Livre Noir de Shub-Niggurath contient une longue liste d'incompétents qui, imprudemment, s'attendaient à obtenir quelque chose en retour de rien!

8. Azathoth

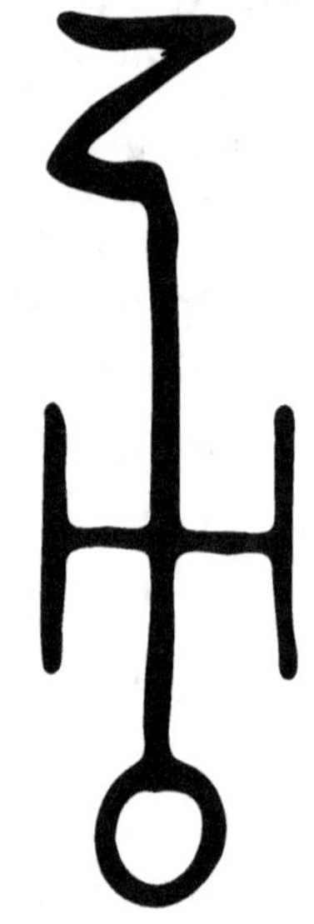

Le Sceau d'Azathoth

(à tracer de couleur lilas)

Vous méditez sur le sceau d'Azathoth jusqu'à ce que son image soit gravée dans votre esprit, et ce n'est qu'alors que vous vous étendez sur le sol du Temple, les bras et les jambes écartées. Tout à coup, sans avertissement, vous vous retrouvez aspiré à travers le portail dans les ténèbres extérieures, dans le vide même du chaos ; et tandis que vous criez intérieurement, le cri prend la consonance du nom Azathoth ; et le Nom est arraché de votre esprit comme un cri silencieux, et bien que vous ne puissiez dire où vous vous trouvez, et que vous vous faites tailler en pièces, et que vos Moi tombent à l'infini comme des fragments de verre brisés dans la violence du trou noir de ce vortex, il y a quelque part cependant un centre infiniment immobile ; un noyau qui n'est pas affecté par le chaos parce que *c'Est le Chaos Lui-Même*.

C'est vers ce centre aveugle et inconscient, en direction duquel vous êtes maintenant attiré, comme vous êtes arraché et mis en pièces par le cercle prit d'une idiote frénésie, qui orbite à jamais en Son sombre noyau mort—l'orbite du tumulte sifflant de la matière pure qui se désagrège et, pour un instant infiniment bref, est transformée en autre chose, avant d'être éclatée de nouveau. Et ainsi de suite, à travers une éternité de transformations instantanées vers le Centre du Chaos Infini : Azathoth.

Remarques : Nul ne peut vivre cette expérience sans en être transformé. C'est le point culminant de la manifestation du cercle que représente la roue du chaos (Koth). L'expérience de la dissolution dans le travail d'Azathoth (à la fois l'axe central de la roue et la fermeture du cycle) donne lieu à la « renaissance » explosive de Yog-Sothoth, où le cycle des éons recommence à nouveau. Dans la Tour de Koth, sous le signe de Koth, TOUT—SOI—RÉALITÉ se révèle.

« Il existe un Signe que certains rêveurs errant au loin ont vu apposé au-dessus de l'arche d'une certaine Tour Noire qui se tient seule dans le Crépuscule, et c'est le Signe de Koth. »

— Le Necronomicon

Le Signe de Koth

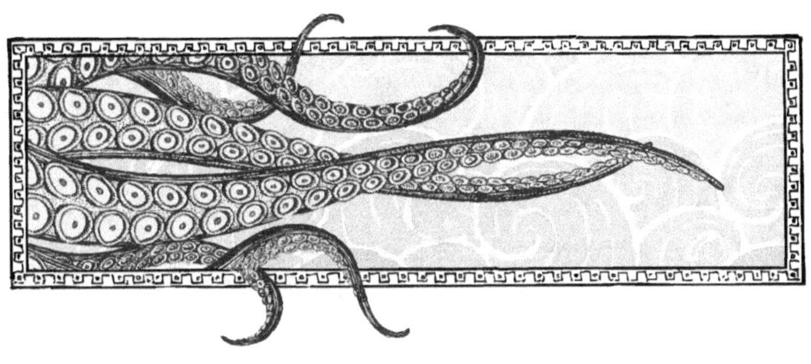

Références et Lectures Recommandées

S. Jason Black & Christopher S. Hyatt Ph.D.: *Urban Voodoo*, Falcon Press, 1995.

Peter J. Carroll: *Liber Null and Psychonaut*, Weiser, 1987.

———*Liber Kaos*, Weiser, 1992.

———*PsyberMagick*, Falcon Press, 1997.

Aleister Crowley: « Liber Samekh » (dans *Magick*, RKP, 1973).

Kenneth Grant: *Nightside of Eden*, Muller, 1977.

———*Hecate's Fountain*, Skoob, 1993.

———*Outside the Circles of Time*, Muller, 1980.

———*Outer Gateways*, Skoob, 1994.

Phil Hine: *Condensed Chaos*, Falcon Press, 1996.

Christopher S. Hyatt (Ed.) *Rebels and Devils,* Falcon Press, 1996.

S.T. Joshi: *H.P. Lovecraft—A Life,* Necronomicon Press, 1996.

H.P. Lovecraft : *At the Mountains of Madness.*
———*Dagon.*
———*The Dunwich Horror.*
———*The Horror in the Museum* (toutes les éditions revues et corrigées d'Arkham House, 1984–89).
« Nema » : *Maat Magick,* Weiser, 1995.
Ray Sherwin : *Book of Results,* R23 Press, 1991.
« Simon » : *Necronomicon,* Avon, 1980.
Peter Smith : *Cults of Cthulhu,* Daath Press, 1987.
Austin Osman Spare : *From the Inferno to Zos, Collected Works,* First Impressions, 1993.
Michael Staley (Ed.) : *Starfire* Vol. 1. No. 5, 1994.
———*Starfire* Vol. 2, No. 1, 1996.
Julian Wilde : *Grimoire of Chaos Magick,* Sorcerer's Apprentice, 1986.

À PROPOS DE L'AUTEUR/ÉDITEUR

Stephen Sennitt a créé et édité le célèbre journal occulte, *NOX*, entre 1986 et 1991. Il est l'auteur de l'histoire occulte initiée, *Monstrous Cults, A Study of the Primordial Gnosis* (1992), ainsi que de deux recueils acclamées de fiction de l'étrange, *Xenos* (1989) et *Creatures of Clay and Other Stories of the Macabre* (Critical Vision, 2003). Il a également rédigé des articles et des lettres dans diverses revues étranges/ésotériques, telles que *Kaos, Chaos International, Rapid Eye, Nyctalops, Esoterra, Cthulhu Codex, The Lamp of Thoth, Starry Wisdom* et bien d'autres. À l'heure actuelle, il est le Coordonnateur de l'Ordre Ésotérique de Dagon, au Royaume Uni.

Dans son « autre vie », il est l'auteur d'une histoire controversée de bandes dessinées d'horreur « censurée », et il contribue régulièrement à des critiques de livres et de films pour *Headpress—A Journal of Sex Religion Death*.

TABLE DES CHAPITRES

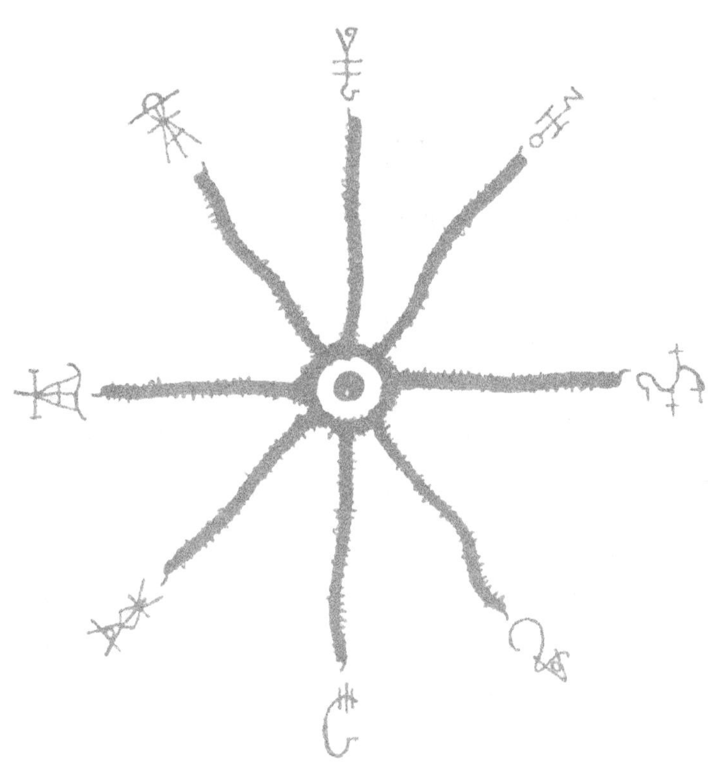